독송용

# 관음경

독송용

# 관음경

석암 편주

KSI 한국학술정보[주]

차 례

# 誦經儀式
# 송경의식

淨口業眞言
정구업진언

수리수리 마하수리 수수리 사바하 (3번)

五方內外安慰諸神眞言
오방내외안위제신진언

나무 사만다 못다남 옴 도로도로 지미 사바하 (3번)

開經偈
개경게

無上甚深微妙法 百千萬劫難遭遇
무상심심미묘법 백천만겁난조우

我今聞見得受持 願解如來眞實意
아금문견득수지 원해여래진실의

開法藏眞言
개법장진언

옴 아라남 아라다 (3번)

제1장

# 왜 관세음보살입니까

세존이시여! 관세음보살은 무슨 인연으로 이름을 관세음이라 합니까?

## 무진의보살의 물음

爾時 無盡意菩薩 卽從座起 偏袒右肩 合掌向佛 而作是言 世尊 觀
이시 무진의보살 즉종좌기 편단우견 합장향불 이작시언 세존 관

世音菩薩以何因緣名觀世音
세음보살이하인연명관세음

【번역】

그때에, 무진의보살이 자리에서 일어나 옷을 한쪽으로 치우쳐 오른쪽 어깨를 드러내고, 부처님 계신 곳을 향해 합장을 하고 이런 말을 하였다.

세존이시여! "관세음보살은 무슨 인연으로 이름을 관세음이라 합니까?"

# 부처님의 답변

佛告無盡意菩薩 善男子 若有無量百千萬億衆生受諸苦惱 聞是觀世
불고무진의보살 선남자 약유무량백천만억중생수제고뇌 문시관세

音菩薩 一心稱名 觀世音菩薩卽時觀其音聲 皆得解脫
음보살 일심칭명 관세음보살즉시관기음성 개득해탈

【번역】

부처님께서 무진의보살에게 말씀하셨다.

선남자야, 만약 한량없는 백천만억의 중생이 온갖 고난과 고통을 받을 적에 '관세음보살'의 명호를 듣고 일심으로 관세음보살을 부르면, 관세음보살은 즉시에 그 음성을 관하고 모두에게 해탈을 얻게 하느니라.

若有持是觀世音菩薩名者 設入大火 火不能燒 由是菩薩威神力故 若
약유지시관세음보살명자 설입대화 화불능소 유시보살위신력고 약

爲大水所漂 稱其名號 卽得淺處
위대수소표 칭기명호 즉득천처

【번역】

만약 관세음보살의 이름을 마음으로 지닌 자가 있다면, 가령 큰 불속에 들어가더라도 불이 그를 태우지 못하나니 이는 관세음보살의 '위신력' 때문이니라. 만약 큰물에 빠져 흘러갈지라도 관세음보살을 부르면 곧 얕은 곳으로 이르게 되느니라.

若有百千萬億衆生 爲求金 銀 琉璃 硨磲 馬瑙 珊瑚 虎珀 眞珠等寶
약유백천만억중생 위구금 은 유리 자거 마노 산호 호박 진주등보

入於大海 假使黑風吹其船舫 飄墮羅刹鬼國 其中 若有乃至一人 稱
입어대해 가사흑풍취기선방 표타나찰귀국 기중 약유내지일인 칭

觀世音菩薩名者 是諸人等皆得解脫羅刹之難 以是因緣 名觀世音
관세음보살명자 시제인등개득해탈나찰지난 이시인연 명관세음

【번역】

만약 백천만억이나 되는 중생이 금, 은, 유리, 자거, 마노, 산호, 호박, 진주 등의 보배를 구하기 위해 큰 바다에 들어갔을 때에 맹렬히 부는 회오리바람을 만나 나찰귀의 나라에 흘러 들어갈지라도 그중에 한 사람이라도 관세음보살의 명호를 부르는 자가 있으면 모든 사람들이 나찰의 난(難)을 벗어나게 되리니 이 인연으로 이름을 '관세음'이라 하느니라.

제2장

# 고통 면하기를 연꽃같이

그대들은 마땅히 일심으로 관세음보살의 명호를 불러 보십시오. 이 보살은 두려움을 없애 주는 것으로서 모든 중생들에게 베풀어 주십니다.

# 무연자비(無緣慈悲)

若復有人臨當被害 稱觀世音菩薩名者 彼所執刀杖尋段段壞 而得解
약부유인임당피해 칭관세음보살명자 피소집도장심단단괴 이득해

脫 若三千大千國土 滿中夜叉羅刹 欲來惱人 聞其稱觀世音菩薩名
탈 약삼천대천국토 만중야차나찰 욕래뇌인 문기칭관세음보살명

者 是諸惡鬼 尙不能以惡眼視之 況復加害
자 시제악귀 상불능이악안시지 황부가해

【번역】

다시 어떤 사람이 해를 입게 되었을 때에도 관세음보살을 부르면 저들이 잡은 칼과 몽둥이가 조각조각 부서져서 해탈을 얻게 되느니라.

만약 삼천대천국토에 가득한 야차와 나찰들이 와서 사람을 괴롭히려고 하여도 관세음보살의 명호를 부르는 소리를 듣게 되면 모든 악귀들이 오히려 악한 눈으로 볼 수가 없거늘 어찌 해를 입힐 수가 있겠느냐.

設復有人 若有罪 若無罪 杻械枷鎖 檢繫其身 稱觀世音菩薩名者
설부유인 약유죄 약무죄 추계가쇄 검계기신 칭관세음보살명자

皆悉斷壞卽得解脫
개실단괴즉득해탈

【번역】

가령 어떤 사람이 죄가 있거나 죄가 없거나 쇠고랑을 차거나 목에 칼이 잠겨 있고, 그 몸이 묶여 있을 때에 관세음보살의 명호를

부른다면 모두 끊어지고 부서져서 곧 해탈을 얻게 되느니라.

若三千大千國土 滿中怨賊 有一商主 將諸商人 齎持重寶 經過嶮路
약삼천대천국토 만중원적 유일상주 장제상인 재지중보 경과험로

其中一人作是唱言 諸善男子 勿得恐怖 汝等應當 一心稱觀世音菩
기중일인작시창언 제선남자 물득공포 여등응당 일심칭관세음보

薩名號 是菩薩能以無畏施於衆生
살명호 시보살능이무외시어중생

【번역】

만약 삼천대천국토에 원수와 도둑들이 가득한데 한 상인의 우두머리가 여러 상인들을 데리고서 값진 보배를 지니고 험한 길을 지나갈 때 그중 한 사람이 소리를 내어 말을 하기를

"모든 선남자들이여, 두려워하지 마시오. 그대들은 마땅히 일심으로 관세음보살의 명호를 불러 보십시오. 이 보살은 두려움을 없애 주는 것으로서 모든 중생들에게 베풀어 주십니다."

汝等若稱名者 於此怨賊 當得解脫 衆商人聞 俱發聲言
여등약칭명자 어차원적 당득해탈 중상인문 구발성언

南無觀世音菩薩 稱其名故 卽得解脫
나무관세음보살 칭기명고 즉득해탈

【번역】

그대들이 만약 명호를 부른다면 원한이 있는 도둑들에게서 벗어날 수 있을 것이오. 모든 상인들이 이 말을 듣고 모두 소리 내어서

"나무관세음보살"의 명호를 불렀다. 그 명호를 불렀기 때문에 그들은 곧 해탈을 얻게 되느니라.

無盡意 觀世音菩薩摩訶薩 威神之力巍巍如是
무진의 관세음보살마하살 위신지력외외여시

【번역】

무진이여, 관세음보살마하살의 '위신력'은 이와 같이 매우 높고 크느니라.

# 회광반조(廻光返照)

若有衆生多於婬欲 常念恭敬 觀世音菩薩 便得離欲
**약유중생다어음욕 상념공경 관세음보살 변득이욕**

【번역】

만약 어떤 중생이 음욕이 많더라도 항상 관세음보살을 생각하고 공경하면 문득 음욕이 떠나가고

若多瞋恚 常念恭敬觀世音菩薩 便得離瞋
**약다진에 상념공경관세음보살 변득이진**

【번역】

만약 성내는 마음이 많더라도 항상 관세음보살을 생각하고 공경하면 문득 성내는 마음이 떠나가고

若多愚癡 常念恭敬觀世音菩薩 便得離癡
**약다우치 상념공경관세음보살 변득이치**

【번역】

만약 어리석은 마음이 많더라도 항상 관세음보살을 생각하고 공경하면 문득 어리석은 마음이 떠나가게 되느니라.

無盡意 觀世音菩薩 有如是等大威神力 多所饒益 是故衆生常應心念
**무진의 관세음보살 유여시등대위신력 다소요익 시고중생상응심념**

【번역】

무진의여, 관세음보살은 이와 같은 대위신력이 있어서 사람을 이롭게 하는 것이 많으니라.

이렇기 때문에 중생들은 항상 마음으로 생각해야 하느니라.

제3장

# 중생을 생각하는 마음

만약 어떤 중생이 관세음보살을 공경하고 예배하면 그 복은 헛되지 않으리니 이렇기 때문에 모든 중생은 관세음보살의 명호를 받아 지녀야 하느니라.

# 탄생의 기적

若有女人 設欲求男 禮拜供養觀世音菩薩 便生福德智慧之男 設欲
**약유여인 설욕구남 예배공양관세음보살 변생복덕지혜지남 설욕**

求女 便生端正有相之女 宿植德本 衆人愛敬
**구녀 변생단정유상지녀 숙식덕본 중인애경**

【번역】

만약 어떤 여인이 아들을 낳고자 하여 관세음보살을 예배하고 공양하면 문득 복덕과 지혜가 있는 아들을 낳을 것이며, 딸을 낳고자 하면 문득 단정하고 예쁜 딸을 낳으리니 숙세에 덕의 근본을 심었기에 많은 사람들에게 사랑과 공경을 받을 것이니라.

無盡意 觀世音菩薩有如是力
**무진의 관세음보살유여시력**

【번역】

무진의여, 관세음보살은 이와 같은 힘이 있느니라.

# 무엇이든 주고 싶은 마음

若有衆生 恭敬禮拜觀世音菩薩 福不唐捐 是故衆生皆應受持 觀世
약유중생 공경예배관세음보살 복불당연 시고중생개응수지 관세

音菩薩名號 無盡意 若有人受持六十二億恒河沙菩薩名字 復盡形供
음보살명호 무진의 약유인수지육십이억항하사보살명자 부진형공

養飮食 衣服臥具醫藥於汝意云何 是善男子 善女人 功德多不 無盡
양음식 의복와구의약어여의운하 시선남자 선여인 공덕다부 무진

意言甚多世尊
의언심다세존

【번역】

만약 어떤 중생이 관세음보살을 공경하고 예배하면 그 복은 헛되지 않으리니 이렇기 때문에 모든 중생은 관세음보살의 명호를 받아 지녀야 하느니라.

무진의여, 만약 어떤 사람이 육십이억 항하의 모래 수만큼의 보살의 명호를 받아 지니고 또한 목숨이 다할 때까지 음식과 의복과 침구와 의약으로 공양한다면, 그대는 어떻게 생각하는가. 이 선남자 선녀인의 공덕이 많겠는가?

무진의보살이 대답하였다.

매우 많습니다. 세존이시여.

佛言 若復有人受持觀世音菩薩名號 乃至一時 禮拜供養 是二人福
불언 약부유인수지관세음보살명호 내지일시 예배공양 시이인복

正等無異 於百千萬億劫不可窮盡 無盡意 受持觀世音菩薩名號 得
정등무이 어백천만억겁불가궁진 무진의 수지관세음보살명호 득

如是無量無邊福德之利
여시무량무변복덕지리

【번역】

부처님께서 말씀하셨다.

만약 다시 어떤 사람이 관세음보살의 명호를 받아 지녀서 한때라도 예배하고 공양한다면, 이 두 사람의 복이 똑같고 다름이 없어서 백천만억 겁이 지나더라도 다하여 없어지지 않느니라.

무진의여, 관세음보살의 명호를 받아 지니면 이와 같이 한량이 없고 끝이 없는 복덕의 이익을 얻게 되느니라.

제4장

# 모두를 사랑하리

관세음보살은 온갖 공덕을 성취하여 갖가지의 모습으로 모든 국토를 다니시면서 중생을 제도하고 해탈케 하느니라.

# 중생이 원하는 모습으로

無盡意菩薩白佛言 世尊 觀世音菩薩 云何遊此娑婆世界 云何而爲
무진의보살백불언 세존 관세음보살 운하유차사바세계 운하이위

衆生說法 方便之力 其事云何
중생설법 방편지력 기사운하

【번역】

무진의보살이 부처님께 아뢰었다.

세존이시여, 관세음보살은 어떻게 이 사바세계를 다니시고, 어떻게 중생을 위하여 법을 설하시며, 그 방편의 힘은 어떠하옵니까?

佛告無盡意菩薩 善男子 若有國土衆生 應以佛身得度者 觀世音菩
불고무진의보살 선남자 약유국토중생 응이불신득도자 관세음보

薩卽現佛身而爲說法
살즉현불신이위설법

【번역】

부처님께서 무진의보살에게 말씀하셨다.

선남자야 만약 어떤 국토의 중생이 '부처님 몸으로 응화하여 제도할 자가 있으면 관세음보살은 곧 부처님의 몸을 나타내어 그를 위해 법을 설하고'

應以辟支佛身得度者 即現辟支佛身而爲說法
**응이벽지불신득도자 즉현벽지불신이위설법**

【번역】

'벽지불의 몸으로 응화하여 제도할 자가 있으면 곧 벽지불의 몸을 나타내어 그를 위해 법을 설하고'

應以聲聞身得度者 即現聲聞身而爲說法
**응이성문신득도자 즉현성문신이위설법**

【번역】

'성문의 몸으로 응화하여 제도할 자가 있으면 곧 성문의 몸을 나타내어 그를 위해 법을 설하며'

應以梵王身得度者 即現梵王身而爲說法
**응이범왕신득도자 즉현범왕신이위설법**

【번역】

'범왕의 몸으로 응화하여 제도할 자가 있으면 곧 범왕의 몸을 나타내어 그를 위해 법을 설하고'

應以帝釋身得度者 即現帝釋身而爲說法
**응이제석신득도자 즉현제석신이위설법**

【번역】

'제석의 몸으로 응화하여 제도할 자가 있으면 곧 제석의 몸을 나타내어 그를 위해 법을 설하고'

應以自在天身得度者 即現自在天身而爲說法
응이자재천신득도자 즉현자재천신이위설법

【번역】

'자재천의 몸으로 응화하여 제도할 자가 있으면 곧 자재천의 몸을 나타내어 그를 위해 법을 설하며'

應以大自在天身得度者 即現大自在天身而爲說法
응이대자재천신득도자 즉현대자재천신이위설법

【번역】

'대자재천의 몸으로 응화하여 제도할 자가 있으면 곧 대자재천의 몸을 나타내어 그를 위해 법을 설하고'

應以天大將軍身得度者 即現天大將軍身而爲說法
응이천대장군신득도자 즉현천대장군신이위설법

【번역】

'천대장군의 몸으로 응화하여 제도할 자가 있으면 곧 천대장군의 몸을 나타내어 그를 위해 법을 설하고'

應以毘沙門身得度者 即現毘沙門身而爲說法
**응이비사문신득도자 즉현비사문신이위설법**

【번역】

'비사문의 몸으로 응화하여 제도할 자가 있으면 곧 비사문의 몸을 나타내어 그를 위해 법을 설하며'

應以小王身得度者 即現小王身而爲說法
**응이소왕신득도자 즉현소왕신이위설법**

【번역】

'소왕의 몸으로 응화하여 제도할 자가 있으면 곧 소왕의 몸을 나타내어 그를 위해 법을 설하고'

應以長者身得度者 即現長者身而爲說法
**응이장자신득도자 즉현장자신이위설법**

【번역】

'장자의 몸으로 응화하여 제도할 자가 있으면 곧 장자의 몸을 나타내어 그를 위해 법을 설하고'

應以居士身得度者 即現居士身而爲說法
**응이거사신득도자 즉현거사신이위설법**

【번역】

'거사의 몸으로 응화하여 제도할 자가 있으면 곧 거사의 몸을 나타내어 그를 위해 법을 설하며'

應以宰官身得度者 即現宰官身而爲說法
응이재관신득도자 즉현재관신이위설법

【번역】

'재관의 몸으로 응화하여 제도할 자가 있으면 곧 재관의 몸을 나타내어 그를 위해 법을 설하고'

應以婆羅門身得度者 即現婆羅門身而爲說法
응이바라문신득도자 즉현바라문신이위설법

【번역】

'바라문의 몸으로 응화하여 제도할 자가 있으면 곧 바라문의 몸을 나타내어 그를 위해 법을 설하고'

應以比丘 比丘尼 優婆塞優婆夷身得度者 即現比丘 比丘尼 優婆塞
응이비구 비구니 우바새우바이신득도자 즉현비구 비구니 우바새

優婆夷身而爲說法
우바이신이위설법

【번역】

'비구, 비구니, 우바새, 우바이의 몸으로 응화하여 제도할 자가 있으면 곧 비구, 비구니, 우바새, 우바이의 몸을 나타내어 그를 위해 법을 설하며'

**應以長者 居士 宰官 婆羅門婦女身得度者 即現婦女身而爲說法**
**응이장자 거사 재관 바라문부녀신득도자 즉현부녀신이위설법**

【번역】

'장자, 거사, 재관, 바라문부인의 몸으로 응화하여 제도할 자자 있으면 곧 부인의 몸을 나타내어 그를 위해 법을 설하고'

**應以童男 童女身得度者 即現童男 童女身而爲說法**
**응이동남 동녀신득도자 즉현동남 동녀신이위설법**

【번역】

'동남, 동녀의 몸으로 응화하여 제도할 자가 있으면 곧 동남, 동녀의 몸을 나타내어 그를 위해 법을 설하고'

**應以天 龍 夜叉 乾闥婆 阿修羅 迦樓羅 緊那羅 摩睺羅伽 人非人**
**응이천 용 야차 건달바 아수라 가루라 긴나라 마후라가 인비인**
**等身得度者 即皆現之而爲說法**
**등신득도자 즉개현지이위설법**

【번역】

'천, 용, 야차, 건달바, 아수라, 가루라, 긴나라, 마후라가, 인, 비인 등의 몸으로 응화하여 제도할 자가 있으면 곧 모두 나타내어서 그들을 위해 법을 설하고'

應以執金剛身得度者 即現執金剛身而爲說法
응이집금강신득도자 즉현집금강신이위설법

【번역】

'집금강의 몸으로 응화하여 제도할 자가 있으면 곧 집금강의 몸을 나타내어 그를 위해 법을 설하며'

無盡意 是觀世音菩薩成就如是功德 以種種形 遊諸國土 度脫衆生
무진의 시관세음보살성취여시공덕 이종종형 유제국토 도탈중생

【번역】

무진의여, 이 관세음보살은 이와 같은 공덕을 성취하여 갖가지의 모습으로 모든 국토를 다니시면서 중생을 제도하고 해탈케 하느니라.

제5장

# 참된 보살마하살

그대들은 일심으로 '관세음보살'께 공양해야 하느니라. 이 관세음보살마하살은 두렵고 다급한 재난 속에서도 두려움을 없게 하나니 이런 까닭에 사바세계에서 모두 두려움을 없게 하고, 편안함을 주는 자라 하느니라.

# 편안함을 주는 자

是故汝等 應當一心供養觀世音菩薩 是觀世音菩薩摩訶薩 於怖畏急
시고여등 응당일심공양관세음보살 시관세음보살마하살 어포외급

難之中 能施無畏 是故此娑婆世界 皆號之爲施無畏者
난지중 능시무외 시고차사바세계 개호지위시무외자

【번역】

이러하기 때문에 그대들은 일심으로 '관세음보살'께 공양해야 하느니라. 이 관세음보살마하살은 두렵고 다급한 재난 속에서도 두려움을 없게 하나니 이런 까닭에 사바세계에서 모두 두려움을 없게 하고, 편안함을 주는 자라 하느니라.

# 나의 것은 아무것도 없다

無盡意菩薩白佛言 世尊 我今當供養觀世音菩薩 卽解頸衆寶珠瓔珞
무진의보살백불언 세존 아금당공양관세음보살 즉해경중보주영락

價值百千兩金 而以與之 作是言 仁者 受此法施珍寶瓔珞 時觀世音
가치백천양금 이이여지 작시언 인자 수차법시진보영락 시관세음

菩薩不肯受之 無盡意復白觀世音菩薩言 仁者 愍我等故 受此瓔珞
보살불긍수지 무진의부백관세음보살언 인자 민아등고 수차영락

【번역】

무진의보살이 부처님께 사뢰었다. "세존이시여 제가 지금 관세음보살께 공양을 올리겠습니다." 하고는 온갖 보배구슬로 장식된 백천양금의 가치가 있는 목걸이를 풀어 바치면서 말을 하였다.

"인자이시여, 이 법시(法施)인 진귀한 보배 목걸이를 받아 주소서"

이때에 관세음보살은 받지 않으시니, 무진의보살이 다시 관세음보살께 말하였다.

"인자이시여, 저희들을 불쌍히 여기시어 이 목걸이를 받으소서"

爾時佛告觀世音菩薩 當愍此無盡意菩薩及四衆 天 龍 夜叉 乾闥婆
이시불고관세음보살 당민차무진의보살급사중 천 용 야차 건달바

阿修羅 迦樓羅 緊那羅 摩睺羅伽 人非人等故 受是瓔珞 卽時觀世
아수라 가루라 긴나라 마후라가 인비인등고 수시영락 즉시관세

音菩薩愍諸四衆 及於天龍 人非人等 受其瓔珞 分作二分 一分 奉
음보살민제사중 급어천용 인비인등 수기영락 분작이분 일분 봉

釋迦牟尼佛 一分奉多寶佛塔 無盡意觀世音菩薩有如是自在神力 遊
석가모니불 일분봉다보불탑 무진의관세음보살유여시자재신력 유

於娑婆世界
어사바세계

【번역】

그때에 부처님께서 관세음보살에게 말씀하셨다. 이 무진의보살과 사부대중, 천, 용, 야차, 건달바, 아수라, 가루라, 긴나라, 마후라가, 인, 비인 등을 불쌍히 여겨서 이 목걸이를 받으라.

곧바로 관세음보살은 사부대중과 천, 용, 인, 비인 등을 측은히 여겨서 목걸이를 받은 다음 둘로 나누어서 한 몫은 석가모니부처님께 바치고 한 몫은 다보부처님 탑에 바치었다.

무진의여, 관세음보살은 이와 같은 자재한 신통력이 있어서 사바세계에 다니시느니라.

제6장

# 노래로 찬탄하다

대비의 몸은 천둥처럼 진동하고 대자의 뜻은 묘한 큰 구름이 되어서 감로의 법 비로 적시어 번뇌의 불길을 꺼뜨리느니라.

## 원력보살(願力菩薩)

爾時無盡意菩薩以偈問曰
이시무진의보살이게문왈

世尊妙相具　　我今重問彼
세존묘상구　　아금중문피

佛子何因緣　　名爲觀世音
불자하인연　　명위관세음

【번역】

그때에 무진의보살이 게송으로 여쭈었다.
묘한 상호를 구족하신 세존이시여
제가 지금 다시 여쭈옵니다.
불자는 어떤 인연이 있어서
'관세음'이라 하옵니까?

具足妙相尊　　偈答無盡意
구족묘상존　　게답무진의

汝聽觀音行　　善應諸方所
여청관음행　　선응제방소

【번역】

묘한 상호를 구족하신 세존께서
게송으로 무진의에게 대답하셨다.

그대는 들으라. 위대한 관음행이
어느 곳이든지 잘 응(應)하느니라.

弘誓深如海　　歷劫不思議
**홍서심여해　　역겁불사의**

侍多千億佛　　發大淸淨願
**시다천억불　　발대청정원**

【번역】

넓고 깊은 서원 바다와 같고
불가사의한 세월을 지나는 동안에
천억의 부처님을 모두 모시고
크나큰 청정한 원을 세우셨네.

我爲汝略說　　聞名及見身
**아위여약설　　문명급견신**

心念不空過　　能滅諸有苦
**심념불공과　　능멸제유고**

【번역】

내가 그대를 위해 간략히 말하노니
명호를 듣고 몸을 보아서
마음과 생각에서 잊지 아니하면
능히 모든 고난과 고통이 없어지리라.

# 대행보살(大行菩薩)

假使興害意　　推落大火坑
가사흥해의　　추락대화갱
念彼觀音力　　火坑變成池
염피관음력　　화갱변성지

【번역】

가령 해치려는 생각을 하는 사람이
큰 불구덩이에 밀어서 떨어뜨려도
관세음보살을 생각하는 힘으로
불구덩이가 연못으로 변하리라.

或漂流巨海　　龍魚諸鬼難
혹표류거해　　용어제귀난
念彼觀音力　　波浪不能沒
염피관음력　　파랑불능몰

【번역】

혹은 큰 바다에 표류하면서
용과 물고기와 모든 귀신의 난을 만나도
관세음보살을 생각하는 힘으로
파도가 그를 삼키지 못하리라.

或在須彌峯　　為人所推墮
혹재수미봉　　위인소추타

念彼觀音力　　如日虛空住
염피관음력　　여일허공주

【번역】

혹은 수미산 봉우리에서
어떤 사람이 밀어 떨어뜨려도
관세음보살을 생각하는 힘으로
해와 같이 허공에 머무르며

或被惡人逐　　墮落金剛山
혹피악인축　　타락금강산

念彼觀音力　　不能損一毛
염피관음력　　불능손일모

【번역】

혹은 악인에게 쫓기게 되어
금강산에 떨어지게 되더라도
관세음보살을 생각하는 힘으로
털끝 하나도 다치지 않으리라.

或值怨賊遶　　各執刀加害
혹치원적요　　각집도가해

念彼觀音力　　咸卽起慈心
염피관음력　　함즉기자심

【번역】

혹은 원수를 만나고 도둑들에게 둘러싸여
저마다 칼을 들고 해치려 할 때에도
관세음보살을 생각하는 힘으로
모두가 곧 자비심을 일으키네.

或遭王難苦　　臨刑欲壽終
혹조왕난고　　임형욕수종
念彼觀音力　　刀尋段段壞
염피관음력　　도심단단괴

【번역】

혹은 왕에게 참기 어려운 고통을 당하고
형을 받아 목숨을 마치려 할 때에도
관세음보살을 생각하는 힘으로
칼이 조각조각 쪼개지며

或囚禁枷鎖　　手足被杻械
혹수금가쇄　　수족피추계
念彼觀音力　　釋然得解脫
염피관음력　　석연득해탈

【번역】

혹은 감옥에 갇혀 목에 칼을 쓰거나
손발에 쇠고랑을 찼을지라도

관세음보살을 생각하는 힘으로
확 풀려서 해탈을 얻으리라.

呪詛諸毒藥　　所欲害身者
**주저제독약　　소욕해신자**

念彼觀音力　　還着於本人
**염피관음력　　환착어본인**

【번역】

주문으로 저주하고 온갖 독약으로
몸을 해치려는 자가 있을지라도
관세음보살을 생각하는 힘으로
본인에게로 돌아가 해를 입게 되리라.

或遇惡羅刹　　毒龍諸鬼等
**혹우악나찰　　독용제귀등**

念彼觀音力　　時悉不敢害
**염피관음력　　시실불감해**

【번역】

혹은 악한 나찰과
독용과 모든 귀신들을 만나도
관세음보살을 생각하는 힘으로
그때에 모두가 감히 해치지 못하리라.

若惡獸圍遶　　利牙爪可怖
약악수위요　　이아조가포
念彼觀音力　　疾走無邊方
염피관음력　　질주무변방

【번역】

만약 맹수에게 둘러싸이고
날카로운 이빨과 발톱으로 위협해도
관세음보살을 생각하는 힘으로
끝없는 곳으로 빨리 달아나며

蚖蛇及蝮蠍　　氣毒煙火燃
완사급복갈　　기독연화연
念彼觀音力　　尋聲自迴去
염피관음력　　심성자회거

【번역】

독사와 살무사 전갈들이
불을 때는 연기처럼 독기를 내뿜어도
관세음보살을 생각하는 힘으로
소리를 듣고서 스스로 돌아가리라

雲雷鼓掣電　　降雹澍大雨
운뢰고철전　　강박주대우

念彼觀音力　　應時得消散
염피관음력　　응시득소산

【번역】

구름이 끼어 천둥과 번개가 치고
우박과 큰비가 쏟아져도
관세음보살을 생각하는 힘으로
그때를 맞춰 흩어져 사라지느니라.

## 자비보살(慈悲菩薩)

衆生被困厄　　無量苦逼身
중생피곤액　　무량고핍신
觀音妙智力　　能救世間苦
관음묘지력　　능구세간고

【번역】

중생이 곤란과 재앙을 당해서
한량없는 고통이 몸을 핍박하더라도
관세음보살은 묘한 지혜의 힘으로
세간의 괴로움에서 구제해 주느니라.

具足神通力　　廣修智方便
구족신통력　　광수지방편
十方諸國土　　無刹不現身
시방제국토　　무찰불현신

【번역】

신통력을 갖추시고
지혜의 방편을 널리 닦아서
시방세계의 모든 국토에
몸을 나타내지 않는 곳이 없으시며

種種諸惡趣　　地獄鬼畜生
종종제악취　　지옥귀축생

生老病死苦　　以漸悉令滅
생노병사고　　이점실영멸

【번역】

갖가지의 모든 악취인
지옥, 아귀, 축생과
생, 노, 병, 사의 고통이
점점 모두 사라지네.

眞觀淸淨觀　　廣大智慧觀
진관청정관　　광대지혜관

悲觀及慈觀　　常願常瞻仰
비관급자관　　상원상첨앙

【번역】

진여관과 청정관과
광대한 지혜관 그리고
대비관 및 대자관을
항상 원하고 항상 우러러볼지어다.

無垢淸淨光　　慧日破諸闇
무구청정광　　혜일파제암

能伏災風火　　普明照世間
능복재풍화　　보명조세간

【번역】

때가 없는 청정한 빛이며
지혜의 해가 모든 어둠을 깨드리고
물과 바람과 불의 재앙을 물리치고
널리 세간을 밝게 비추니

悲體戒雷震　　慈意妙大雲
비체계뇌진　　자의묘대운
澍甘露法雨　　滅除煩惱焰
주감로법우　　멸제번뇌염

【번역】

대비의 몸은 천둥처럼 진동하고
대자의 뜻은 묘한 큰 구름이 되어서
감로의 법 비로 적시어
번뇌의 불길을 꺼뜨리느니라.

諍訟經官處　　怖畏軍陣中
쟁송경관처　　포외군진중
念彼觀音力　　衆怨悉退散
염피관음력　　중원실퇴산

【번역】

다툼과 소송으로 관청을 가거나
두려운 전쟁 중에도

관세음보살을 생각하는 힘으로
온갖 원한들은 모두 사라지리라.

妙音觀世音　　梵音海潮音
묘음관세음　　범음해조음
勝彼世間音　　是故須常念
승피세간음　　시고수상념

【번역】

묘음과 관세음과
범음과 해조음과
승피세간음을
모름지기 항상 생각할지어다.

念念勿生疑　　觀世音淨聖
염염물생의　　관세음정성
於苦惱死厄　　能爲作依怙
어고뇌사액　　능위작의호

【번역】

찰나라도 의심하지 말지니
관세음의 거룩한 성인은
고뇌와 죽음의 재앙에서
능히 믿는 의지처가 되어 준다네.

具一切功德　　慈眼視衆生
구일체공덕　　자안시중생

福聚海無量　　是故應頂禮
복취해무량　　시고응정례

【번역】

일체의 공덕을 갖추고
자비로운 눈으로 중생을 바라보며
복덕이 바다처럼 한량이 없으니
그러므로 마땅히 정례할지어다.

제7장

# 관음경의 공덕

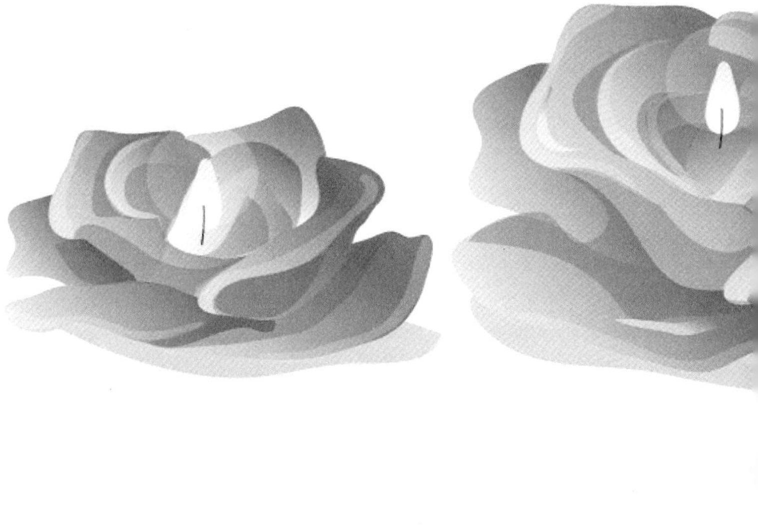

만약 어떤 중생이 이 『관세음보살보문품』의 자재한 업과 보문시현의 신통력을 듣는 자의 공덕은 적지 않을 것이옵니다.

# 깨달음의 마음을 내다

爾時持地菩薩即從座起 前白佛言 世尊 若有衆生 聞是觀世音普門
이시지지보살즉종좌기 전백불언 세존 약유중생 문시관세음보문

品自在之業 普門示現神通力者 當知是人功德不少 佛說是普門品時
품자재지업 보문시현신통력자 당지시인공덕불소 불설시보문품시

衆中八萬四千衆生 皆發無等等阿耨多羅三藐三菩提心
중중팔만사천중생 개발무등등아뇩다라삼먁삼보리심

【번역】

그때에, 지지보살이 자리에서 일어나 부처님 앞으로 나아가 사뢰었다.

세존이시여, "만약 어떤 중생이 이 『관세음보살보문품』의 자재한 업과 보문시현의 신통력을 듣는 자의 공덕은 적지 않을 것이옵니다."

부처님께서 이 『보문품』을 설하실 때 대중 가운데 팔만사천 중생이 모두 대등한 것이 없는 아뇩다라삼먁삼보리의 마음을 내었다.

# 관음경 우리말 독송

그때에, 무진의보살이 자리에서 일어나 옷을 한쪽으로 치우쳐 오른쪽 어깨를 드러내고, 부처님 계신 곳을 향해 합장을 하고 이런 말을 하였다.

세존이시여! "관세음보살은 무슨 인연으로 이름을 관세음이라 합니까?"

부처님께서 무진의보살에게 말씀하셨다.

선남자야, 만약 한량없는 백천만억의 중생이 온갖 고난과 고통을 받을 적에 '관세음보살'의 명호를 듣고 일심으로 관세음보살을 부르면, 관세음보살은 즉시에 그 음성을 관하고 모두에게 해탈을 얻게 하느니라.

만약 관세음보살의 이름을 마음으로 지닌 자가 있다면, 가령 큰 불속에 들어가더라도 불이 그를 태우지 못하나니 이는 관세음보살의 '위신력' 때문이니라. 만약 큰물에 빠져 흘러갈지라도 관세음보살을 부르면 곧 얕은 곳으로 이르게 되느니라.

만약 백천만억이나 되는 중생이 금, 은, 유리, 자거, 마노, 산호, 호박, 진주 등의 보배를 구하기 위해 큰 바다에 들어갔을 때에 맹렬히 부는 회오리바람을 만나 나찰귀의 나라에 흘러 들어갈지라도 그중에 한 사람이라도 관세음보살의 명호를 부르는 자가 있으면 모든 사람들이 나찰의 난(難)을 벗어나게 되리니 이 인연으로 이름을 '관세음'이라 하느니라.

다시 어떤 사람이 해를 입게 되었을 때에도 관세음보살을 부르면 저들이 잡은 칼과 몽둥이가 조각조각 부서져서 해탈을 얻게 되느니라.

만약 삼천대천국토에 가득한 야차와 나찰들이 와서 사람을 괴롭히려고 하여도 관세음보살의 명호를 부르는 소리를 듣게 되면 모든 악귀들이 오히려 악한 눈으로 볼 수가 없거늘 어찌 해를 입힐 수가 있겠느냐.

가령 어떤 사람이 죄가 있거나 죄가 없거나 쇠고랑을 차거나 목에 칼이 잠겨 있고, 그 몸이 묶여 있을 때에 관세음보살의 명호를 부른다면 모두 끊어지고 부서져서 곧 해탈을 얻게 되느니라.

만약 삼천대천국토에 원수와 도둑들이 가득한데 한 상인의 우두머리가 여러 상인들을 데리고서 값진 보배를 지니고 험한 길을 지나갈 때 그중 한 사람이 소리를 내어 말을 하기를

"모든 선남자들이여, 두려워하지 마시오. 그대들은 마땅히 일심으로 관세음보살의 명호를 불러 보십시오. 이 보살은 두려움을 없애주는 것으로서 모든 중생들에게 베풀어 주십니다."

그대들이 만약 명호를 부른다면 원한이 있는 도둑들에게 벗어날 수 있을 것이오. 모든 상인들이 이 말을 듣고 모두 소리 내어서 "나무관세음보살"의 명호를 불렀다. 그 명호를 불렀기 때문에 그들은 곧 해탈을 얻게 되느니라.

무진이여, 관세음보살마하살의 '위신력'은 이와 같이 매우 높고 크느니라.

만약 어떤 중생이 음욕이 많더라도 항상 관세음보살을 생각하고 공경하면 문득 음욕이 떠나가고

만약 성내는 마음이 많더라도 항상 관세음보살을 생각하고 공경하면 문득 성내는 마음이 떠나가고

만약 어리석은 마음이 많더라도 항상 관세음보살을 생각하고 공경하면 문득 어리석은 마음이 떠나가게 되느니라.

무진의여, 관세음보살은 이와 같은 대위신력이 있어서 사람을 이

롭게 하는 것이 많으니라.

이렇기 때문에 중생들은 항상 마음으로 생각해야 하느니라.

만약 어떤 여인이 아들을 낳고자 하여 관세음보살을 예배하고 공양하면 문득 복덕과 지혜가 있는 아들을 낳을 것이며, 딸을 낳고자 하면 문득 단정하고 예쁜 딸을 낳으리니 숙세에 덕의 근본을 심었기에 많은 사람들에게 사랑과 공경을 받을 것이니라.

무진의여, 관세음보살은 이와 같은 힘이 있느니라.

만약 어떤 중생이 관세음보살을 공경하고 예배하면 그 복은 헛되지 않으리니 이렇기 때문에 모든 중생은 관세음보살의 명호를 받아 지녀야 하느니라.

무진의여, 만약 어떤 사람이 육십이억 항하의 모래 수만큼의 보살의 명호를 받아 지니고 또한 목숨이 다할 때까지 음식과 의복과 침구와 의약으로 공양한다면, 그대는 어떻게 생각하는가. 이 선남자 선녀인의 공덕이 많겠는가?

무진의보살이 대답하였다.

매우 많습니다. 세존이시여.

부처님께서 말씀하셨다.

만약 다시 어떤 사람이 관세음보살의 명호를 받아 지녀서 한때라도 예배하고 공양한다면, 이 두 사람의 복이 똑같고 다름이 없어서 백천만억 겁이 지나더라도 다하여 없어지지 않느니라.

무진의여, 관세음보살의 명호를 받아 지니면 이와 같이 한량이 없고 끝이 없는 복덕의 이익을 얻게 되느니라.

무진의보살이 부처님께 아뢰었다.

세존이시여, 관세음보살은 어떻게 이 사바세계를 다니시고, 어떻게 중생을 위하여 법을 설하시며, 그 방편의 힘은 어떠하옵니까?

부처님께서 무진의보살에게 말씀하셨다.

선남자야, 만약 어떤 국토의 중생이

'부처님 몸으로 응화하여 제도할 자가 있으면 관세음보살은 곧 부처님의 몸을 나타내어 그를 위해 법을 설하고'

'벽지불의 몸으로 응화하여 제도할 자가 있으면 곧 벽지불의 몸을 나타내어 그를 위해 법을 설하고'

'성문의 몸으로 응화하여 제도할 자가 있으면 곧 성문의 몸을 나타내어 그를 위해 법을 설하며'

'범왕의 몸으로 응화하여 제도할 자가 있으면 곧 범왕의 몸을 나타내어 그를 위해 법을 설하고'

'제석의 몸으로 응화하여 제도할 자가 있으면 곧 제석의 몸을 나타내어 그를 위해 법을 설하고'

'자재천의 몸으로 응화하여 제도할 자가 있으면 곧 자재천의 몸을 나타내어 그를 위해 법을 설하며'

'대자재천의 몸으로 응화하여 제도할 자가 있으면 곧 대자재천의 몸을 나타내어 그를 위해 법을 설하고'

'천대장군의 몸으로 응화하여 제도할 자가 있으면 곧 천대장군의 몸을 나타내어 그를 위해 법을 설하고'

'비사문의 몸으로 응화하여 제도할 자가 있으면 곧 비사문의 몸을 나타내어 그를 위해 법을 설하며'

'소왕의 몸으로 응화하여 제도할 자가 있으면 곧 소왕의 몸을 나타내어 그를 위해 법을 설하고'

'장자의 몸으로 응화하여 제도할 자가 있으면 곧 장자의 몸을 나타내어 그를 위해 법을 설하고'

'거사의 몸으로 응화하여 제도할 자가 있으면 곧 거사의 몸을 나타내어 그를 위해 법을 설하며'

'재관의 몸으로 응화하여 제도할 자가 있으면 곧 재관의 몸을 나

타내어 그를 위해 법을 설하고'

'바라문의 몸으로 응화하여 제도할 자가 있으면 곧 바라문의 몸을 나타내어 그를 위해 법을 설하고'

'비구, 비구니, 우바새, 우바이의 몸으로 응화하여 제도할 자가 있으면 곧 비구, 비구니, 우바새, 우바이의 몸을 나타내어 그를 위해 법을 설하며'

'장자, 거사, 재관, 바라문부인의 몸으로 응화하여 제도할 자자 있으면 곧 부인의 몸을 나타내어 그를 위해 법을 설하고'

'동남, 동녀의 몸으로 응화하여 제도할 자가 있으면 곧 동남, 동녀의 몸을 나타내어 그를 위해 법을 설하고'

'천, 용, 야차, 건달바, 아수라, 가루라, 긴나라, 마후라가, 인, 비인 등의 몸으로 응화하여 제도할 자가 있으면 곧 모두 나타내어서 그들을 위해 법을 설하고'

'집금강의 몸으로 응화하여 제도할 자가 있으면 곧 집금강의 몸을 나타내어 그를 위해 법을 설하며'

무진의여, 이 관세음보살은 이와 같은 공덕을 성취하여 갖가지의 모습으로 모든 국토를 다니시면서 중생을 제도하고 해탈케 하느니라.

이러하기 때문에 그대들은 일심으로 '관세음보살'께 공양해야 하느니라. 이 관세음보살마하살은 두렵고 다급한 재난 속에서도 두려움을 없게 하나니 이런 까닭에 사바세계에서 모두 두려움을 없게 하고, 편안함을 주는 자라 하느니라.

무진의보살이 부처님께 사뢰었다. 세존이시여 제가 지금 관세음보살께 공양을 올리겠습니다. 하고는 온갖 보배구슬로 장식된 백천 양금의 가치가 있는 목걸이를 풀어 바치면서 말을 하였다.

"인자이시여, 이 법시(法施)인 진귀한 보배 목걸이를 받아 주소서"

이때에 관세음보살은 받지 않으시니, 무진의보살이 다시 관세음보살께 말하였다.

"인자이시여, 저희들을 불쌍히 여기시어 이 목걸이를 받으소서"

그때에 부처님께서 관세음보살에게 말씀하셨다. 이 무진의보살과 사부대중, 천, 용, 야차, 건달바, 아수라, 가루라, 긴나라, 마후라가, 인, 비인 등을 불쌍히 여겨서 이 목걸이를 받으라.

곧바로 관세음보살은 사부대중과 천, 용, 인, 비인 등을 측은히 여겨서 목걸이를 받은 다음 둘로 나누어서 한 몫은 석가모니부처님께 바치고 한 몫은 다보부처님 탑에 바치었다.

무진의여, 관세음보살은 이와 같은 자재한 신통력이 있어서 사바세계에 다니느니라.

그때에 무진의보살이 게송으로 여쭈었다.
묘한 상호를 구족하신 세존이시여
제가 지금 다시 여쭈옵니다.
불자는 어떤 인연이 있어서
'관세음'이라 하옵니까?

묘한 상호를 구족하신 세존께서
게송으로 무진의에게 대답하셨다.
그대는 들으라. 위대한 관음행이
어느 곳이든지 잘 응(應)하느니라.

넓고 깊은 서원 바다와 같고
불가사의한 세월을 지나는 동안에
천억의 부처님을 모두 모시고
크나큰 청정한 원을 세우셨으니

내가 그대를 위해 간략히 말하노니
명호를 듣고 몸을 보아서
마음과 생각에서 잊지 아니하면
능히 모든 고난과 고통이 없어지리라.

가령 해치려는 생각을 하는 사람이
큰 불구덩이에 밀어서 떨어뜨려도
관세음보살을 생각하는 힘으로
불구덩이가 연못으로 변하리라.

혹은 큰 바다에 표류하면서
용과 물고기와 모든 귀신의 난을 만나도
관세음보살을 생각하는 힘으로
파도가 그를 삼키지 못하리라.

혹은 수미산 봉우리에서
어떤 사람이 밀어 떨어뜨려도
관세음보살을 생각하는 힘으로
해와 같이 허공에 머무르며

혹은 악인에게 쫓기게 되어
금강산에 떨어지게 되더라도
관세음보살을 생각하는 힘으로
털끝 하나도 다치지 않으리라.

혹은 원수를 만나고 도둑들에게 둘러싸여
저마다 칼을 들고 해치려 할 때에도
관세음보살을 생각하는 힘으로
모두가 곧 자비심을 일으키네.

혹은 왕에게 참기 어려운 고통을 당하고
형을 받아 목숨을 마치려 할 때에도
관세음보살을 생각하는 힘으로
칼이 조각조각 쪼개지며

혹은 감옥에 갇혀 목에 칼을 쓰거나
손발에 쇠고랑을 찼을지라도
관세음보살을 생각하는 힘으로
확 풀려서 해탈을 얻으리라.

주문으로 저주하고 온갖 독약으로
몸을 해치려는 자가 있을지라도
관세음보살을 생각하는 힘으로
본인에게로 돌아가 해를 입게 되리라.

혹은 악한 나찰과
독용과 모든 귀신들을 만나도
관세음보살을 생각하는 힘으로
그때에 모두가 감히 해치지 못하리라.

만약 맹수에게 둘러싸이고
날카로운 이빨과 발톱으로 위협해도
관세음보살을 생각하는 힘으로
끝없는 곳으로 빨리 달아나며

독사와 살무사 전갈들이
불을 때는 연기처럼 독기를 내뿜어도
관세음보살을 생각하는 힘으로
소리를 듣고서 스스로 돌아가리라

구름이 끼어 천둥과 번개가 치고
우박과 큰비가 쏟아져도
관세음보살을 생각하는 힘으로
그때를 맞춰 흩어져 사라지느니라.

중생이 곤란과 재앙을 당해서
한량없는 고통이 몸을 핍박하더라도
관세음보살은 묘한 지혜의 힘으로
세간의 괴로움에서 구제해 주느니라.

신통력을 갖추시고
지혜의 방편을 널리 닦아서
시방세계의 모든 국토에
몸을 나타내지 않는 곳이 없으시며

갖가지의 모든 악취인
지옥, 아귀, 축생과
생, 노, 병, 사의 고통이
점점 모두 사라지네.

진여관과 청정관과
광대한 지혜관 그리고
대비관 및 대자관을
항상 원하고 항상 우러러볼지어다.

때가 없는 청정한 빛이며
지혜의 해가 모든 어둠을 깨드리고
물과 바람과 불의 재앙을 물리치고
널리 세간을 밝게 비추니

대비의 몸은 천둥처럼 진동하고
대자의 뜻은 묘한 큰 구름이 되어서
감로의 법 비로 적시어
번뇌의 불길을 꺼뜨리느니라.

다툼과 소송으로 관청을 가거나
두려운 전쟁 중에도
관세음보살을 생각하는 힘으로
온갖 원한들은 모두 사라지리라.

묘음과 관세음과
범음과 해조음과
승피세간음을
모름지기 항상 생각할지어다.

찰나라도 의심하지 말지니
관세음의 거룩한 성인은
고뇌와 죽음의 재앙에서
능히 믿는 의지처가 되어 준다네.

일체의 공덕을 갖추고
자비로운 눈으로 중생을 바라보며
복덕이 바다처럼 한량이 없으니
그러므로 마땅히 정례할지어다.

그때에 지지보살이 자리에서 일어나 부처님 앞으로 나아가 사뢰었다.

세존이시여, 만약 어떤 중생이 이 『관세음보살보문품』의 자재한 업과 보문시현의 신통력을 듣는 자의 공덕은 적지 않을 것이옵니다.

부처님께서 이 『보문품』을 설하실 때 대중 가운데 팔만사천 중생이 모두 대등한 것이 없는 아뇩다라삼먁삼보리의 마음을 내었다.

# 관음경 한문 독송

爾時 無盡意菩薩 卽從座起 偏袒右肩 合掌向佛 而作是言 世尊 觀
이시 무진의보살 즉종좌기 편단우견 합장향불 이작시언 세존 관

世音菩薩 以何因緣名觀世音
세음보살 이하인연명관세음

佛告無盡意菩薩 善男子 若有無量百千萬億衆生受諸苦惱 聞是觀世
불고무진의보살 선남자 약유무량백천만억중생수제고뇌 문시관세

音菩薩 一心稱名 觀世音菩薩卽時觀其音聲 皆得解脫
음보살 일심칭명 관세음보살즉시관기음성 개득해탈

若有持是觀世音菩薩名者 設入大火 火不能燒 由是菩薩威神力故
약유지시관세음보살명자 설입대화 화불능소 유시보살위신력고

若爲大水所漂 稱其名號 卽得淺處
약위대수소표 칭기명호 즉득천처

若有百千萬億衆生 爲求金 銀 琉璃 硨磲 馬瑙 珊瑚 虎珀 眞珠等
약유백천만억중생 위구금 은 유리 자거 마노 산호 호박 진주등

寶入於大海 假使黑風吹其船舫 飄墮羅刹鬼國 其中 若有乃至一人
보입어대해 가사흑풍취기선방 표타나찰귀국 기중 약유내지일인

稱觀世音菩薩名者 是諸人等皆得解脫羅刹之難 以是因緣 名觀世音
칭관세음보살명자 시제인등개득해탈나찰지난 이시인연 명관세음

若復有人臨當被害 稱觀世音菩薩名者 彼所執刀杖尋段段壞 而得解
약부유인임당피해 칭관세음보살명자 피소집도장심단단괴 이득해

脫 若三千大千國土 滿中夜叉 羅刹 欲來惱人 聞其稱觀世音菩薩
탈 약삼천대천국토 만중야차 나찰 욕래뇌인 문기칭관세음보살

名者 是諸惡鬼 尙不能以惡眼視之 況復加害
명자 시제악귀 상불능이악안시지 황부가해

設復有人 若有罪 若無罪 杻械枷鎖 檢繫其身 稱觀世音菩薩名者
설부유인 약유죄 약무죄 추계가쇄 검계기신 칭관세음보살명자

皆悉斷壞 卽得解脫
개실단괴 즉득해탈

若三千大千國土 滿中怨賊 有一商主 將諸商人 齎持重寶 經過嶮路
약삼천대천국토 만중원적 유일상주 장제상인 재지중보 경과험로

其中一人作是唱言 諸善男子 勿得恐怖 汝等應當 一心稱觀世音菩
기중일인작시창언 제선남자 물득공포 여등응당 일심칭관세음보

薩名號 是菩薩 能以無畏 施於衆生
살명호 시보살 능이무외 시어중생

汝等若稱名者 於此怨賊 當得解脫 衆商人聞 俱發聲言
여등약칭명자 어차원적 당득해탈 중상인문 구발성언

南無觀世音菩薩 稱其名故 卽得解脫
나무관세음보살 칭기명고 즉득해탈

無盡意 觀世音菩薩摩訶薩 威神之力巍巍如是
무진의 관세음보살마하살 위신지력외외여시

若有衆生多於婬欲 常念恭敬 觀世音菩薩 便得離欲
약유중생다어음욕 상념공경 관세음보살 변득이욕

若多瞋恚 常念恭敬觀世音菩薩 便得離瞋
약다진에 상념공경관세음보살 변득이진

若多愚癡 常念恭敬觀世音菩薩 便得離癡
약다우치 상념공경관세음보살 변득이치

無盡意 觀世音菩薩 有如是等大威神力 多所饒益 是故衆生常應心
무진의 관세음보살 유여시등대위신력 다소요익 시고중생상응심

念 若有女人 設欲求男 禮拜供養觀世音菩薩 便生福德智慧之男 設
념 약유여인 설욕구남 예배공양관세음보살 변생복덕지혜지남 설

欲求女 便生端正有相之女 宿植德本 衆人愛敬
욕구녀 변생단정유상지녀 숙식덕본 중인애경

無盡意 觀世音菩薩有如是力
무진의 관세음보살유여시력

若有衆生 恭敬禮拜觀世音菩薩 福不唐捐 是故衆生皆應受持 觀世
약유중생 공경예배관세음보살 복불당연 시고중생개응수지 관세

音菩薩名號 無盡意 若有人受持六十二億恒河沙菩薩名字 復盡形供
음보살명호 무진의 약유인수지육십이억항하사보살명자 부진형공

養飮食 衣服臥具醫藥 於汝意云何 是善男子 善女人 功德多不 無
양음식 의복와구의약 어여의운하 시선남자 선여인 공덕다부 무

盡意言 甚多 世尊
진의언 심다 세존

佛言 若復有人受持觀世音菩薩名號 乃至一時 禮拜供養 是二人福
불언 약부유인수지관세음보살명호 내지일시 예배공양 시이인복

正等無異 於百千萬億劫不可窮盡 無盡意 受持觀世音菩薩名號 得
정등무이 어백천만억겁불가궁진 무진의 수지관세음보살명호 득

如是無量無邊 福德之利
여시무량무변 복덕지리

無盡意菩薩白佛言 世尊 觀世音菩薩 云何遊此娑婆世界 云何而爲
무진의보살백불언 세존 관세음보살 운하유차사바세계 운하이위

衆生說法 方便之力 其事云何
중생설법 방편지력 기사운하

佛告無盡意菩薩 善男子 若有國土衆生 應以佛身得度者 觀世音菩
불고무진의보살 선남자 약유국토중생 응이불신득도자 관세음보

薩即現佛身而爲說法
살즉현불신이위설법

應以辟支佛身得度者 即現辟支佛身而爲說法
응이벽지불신득도자 즉현벽지불신이위설법

應以聲聞身得度者 即現聲聞身而爲說法
응이성문신득도자 즉현성문신이위설법

應以梵王身得度者 即現梵王身而爲說法
응이범왕신득도자 즉현범왕신이위설법

應以帝釋身得度者 即現帝釋身而爲說法
응이제석신득도자 즉현제석신이위설법

應以自在天身得度者 即現自在天身而爲說法
응이자재천신득도자 즉현자재천신이위설법

應以大自在天身得度者 即現大自在天身而爲說法
응이대자재천신득도자 즉현대자재천신이위설법

應以天大將軍身得度者 即現天大將軍身而爲說法
응이천대장군신득도자 즉현천대장군신이위설법

應以毘沙門身得度者 即現毘沙門身而爲說法
응이비사문신득도자 즉현비사문신이위설법

應以小王身得度者 即現小王身而爲說法
응이소왕신득도자 즉현소왕신이위설법

應以長者身得度者 即現長者身而爲說法
응이장자신득도자 즉현장자신이위설법

應以居士身得度者 即現居士身而爲說法
응이거사신득도자 즉현거사신이위설법

應以宰官身得度者 即現宰官身而爲說法
응이재관신득도자 즉현재관신이위설법

應以婆羅門身得度者 即現婆羅門身而爲說法
응이바라문신득도자 즉현바라문신이위설법

應以比丘 比丘尼 優婆塞優婆夷身得度者 即現比丘 比丘尼 優婆塞
응이비구 비구니 우바새우바이신득도자 즉현비구 비구니 우바새

優婆夷身而爲說法
우바이신이위설법

應以長者 居士 宰官 婆羅門婦女身得度者 即現婦女身而爲說法
응이장자 거사 재관 바라문부녀신득도자 즉현부녀신이위설법

應以童男 童女身得度者 即現童男 童女身而爲說法
응이동남 동녀신득도자 즉현동남 동녀신이위설법

應以天 龍 夜叉 乾闥婆 阿修羅 迦樓羅 緊那羅 摩睺羅伽 人非人
응이천 용 야차 건달바 아수라 가루라 긴나라 마후라가 인비인

等身得度者 即皆現之而爲說法
등신득도자 즉개현지이위설법

應以執金剛身得度者 即現執金剛身而爲說法
응이집금강신득도자 즉현집금강신이위설법

無盡意 是觀世音菩薩成就如是功德 以種種形 遊諸國土 度脫衆生
무진의 시관세음보살성취여시공덕 이종종형 유제국토 도탈중생

是故汝等 應當一心供養觀世音菩薩 是觀世音菩薩摩訶薩 於怖畏急
시고여등 응당일심공양관세음보살 시관세음보살마하살 어포외급

難之中能施無畏 是故此娑婆世界 皆號之爲施無畏者
난지중능시무외 시고차사바세계 개호지위시무외자

無盡意菩薩白佛言 世尊 我今當供養觀世音菩薩 即解頸衆寶珠瓔珞
무진의보살백불언 세존 아금당공양관세음보살 즉해경중보주영락

價値百千兩金 而以與之 作是言 仁者 受此法施珍寶瓔珞 時觀世音
가치백천냥금 이이여지 작시언 인자 수차법시진보영락 시관세음

菩薩不肯受之 無盡意復白觀世音菩薩言 仁者 愍我等故 受此瓔珞
보살불긍수지 무진의부백관세음보살언 인자 민아등고 수차영락

爾時佛告觀世音菩薩 當愍此無盡意菩薩及四衆 天 龍 夜叉 乾闥婆
이시불고관세음보살 당민차무진의보살급사중 천 용 야차 건달바

阿修羅 迦樓羅 緊那羅 摩睺羅伽 人非人等故 受是瓔珞 即時觀世
아수라 가루라 긴나라 마후라가 인비인등고 수시영락 즉시관세

音菩薩愍諸四衆 及於天龍 人非人等 受其瓔珞 分作二分 一分 奉
음보살민제사중 급어천용 인비인등 수기영락 분작이분 일분 봉

釋迦牟尼佛 一分奉多寶佛塔 無盡意觀世音菩薩有如是自在神力 遊
석가모니불 일분봉다보불탑 무진의관세음보살유여시자재신력 유

於娑婆世界
어사바세계

爾時無盡意菩薩以偈問曰
이시무진의보살이게문왈

世尊妙相具 我今重問彼
세존묘상구 아금중문피

佛子何因緣 名爲觀世音
불자하인연 명위관세음

具足妙相尊 偈答無盡意
구족묘상존 게답무진의

汝聽觀音行 善應諸方所
여청관음행 선응제방소

弘誓深如海 歷劫不思議
홍서심여해 역겁불사의

侍多千億佛 發大淸淨願
시다천억불 발대청정원

我爲汝略說 聞名及見身
아위여약설 문명급견신

心念不空過 能滅諸有苦
심념불공과 능멸제유고

假使興害意 推落大火坑
가사흥해의 추락대화갱

念彼觀音力 火坑變成池
염피관음력 화갱변성지

或漂流巨海 龍魚諸鬼難
혹표류거해 용어제귀난

念彼觀音力 波浪不能沒
염피관음력 파랑불능몰

或在須彌峯 爲人所推墮
혹재수미봉 위인소추타

念彼觀音力　　如日虛空住
염피관음력　　여일허공주

或被惡人逐　　墮落金剛山
혹피악인축　　타락금강산

念彼觀音力　　不能損一毛
염피관음력　　불능손일모

或値怨賊遶　　各執刀加害
혹치원적요　　각집도가해

念彼觀音力　　咸即起慈心
염피관음력　　함즉기자심

或遭王難苦　　臨刑欲壽終
혹조왕난고　　임형욕수종

念彼觀音力　　刀尋段段壞
염피관음력　　도심단단괴

或囚禁枷鎖　　手足被杻械
혹수금가쇄　　수족피추계

念彼觀音力　　釋然得解脫
염피관음력　　석연득해탈

呪詛諸毒藥　　所欲害身者
주저제독약　　소욕해신자

念彼觀音力　　還着於本人
염피관음력　　환착어본인

或遇惡羅刹　　毒龍諸鬼等
혹우악나찰　　독용제귀등

念彼觀音力　　時悉不敢害
염피관음력　　시실불감해

若惡獸圍繞　　利牙爪可怖
약악수위요　　이아조가포

念彼觀音力　　疾走無邊方
염피관음력　　질주무변방

蚖蛇及蝮蠍　　氣毒煙火燃
완사급복갈　　기독연화연

念彼觀音力　　尋聲自迴去
염피관음력　　심성자회거

雲雷鼓掣電　　降雹澍大雨
운뢰고철전　　강박주대우

念彼觀音力　　應時得消散
염피관음력　　응시득소산

衆生被困厄　　無量苦逼身
중생피곤액　　무량고핍신

觀音妙智力　　能救世間苦
관음묘지력　　능구세간고

具足神通力　　廣修智方便
구족신통력　　광수지방편

十方諸國土　　無刹不現身
시방제국토　　무찰불현신

種種諸惡趣　　地獄鬼畜生
종종제악취　　지옥귀축생

生老病死苦 以漸悉令滅
생노병사고 이점실영멸

眞觀淸淨觀 廣大智慧觀
진관청정관 광대지혜관

悲觀及慈觀 常願常瞻仰
비관급자관 상원상첨앙

無垢淸淨光 慧日破諸闇
무구청정광 혜일파제암

能伏災風火 普明照世間
능복재풍화 보명조세간

悲體戒雷震 慈意妙大雲
비체계뇌진 자의묘대운

澍甘露法雨 滅除煩惱焰
주감로법우 멸제번뇌염

諍訟經官處 怖畏軍陣中
쟁송경관처 포외군진중

念彼觀音力 衆怨悉退散
염피관음력 중원실퇴산

妙音觀世音 梵音海潮音
묘음관세음 범음해조음

勝彼世間音 是故須常念
승피세간음 시고수상념

念念勿生疑 觀世音淨聖
염념물생의 관세음정성

於苦惱死厄　　能爲作依怙
어고뇌사액　　능위작의호

具一切功德　　慈眼視衆生
구일체공덕　　자안시중생

福聚海無量　　是故應頂禮
복취해무량　　시고응정례

爾時持地菩薩卽從座起 前白佛言 世尊 若有衆生 聞是觀世音普門
이시지지보살즉종좌기 전백불언 세존 약유중생 문시관세음보문

品自在之業 普門示現神通力者 當知是人功德不少 佛說是普門品時
품자재지업 보문시현신통력자 당지시인공덕불소 불설시보문품시

衆中八萬四千衆生 皆發無等等阿耨多羅三藐三菩提心
중중팔만사천중생 개발무등등아뇩다라삼먁삼보리심

# 觀音殿禮佛文
# 관음전예불문

獻香眞言
헌향진언

옴 바아라 도비야 훔 (3번)

**至心歸命禮** 普門示現 願力弘深 大慈大悲 觀世音菩薩
**지심귀명례** 보문시현 원력홍심 대자대비 관세음보살

**至心歸命禮** 尋聲救苦 應諸衆生 大慈大悲 觀世音菩薩
**지심귀명례** 심성구고 응제중생 대자대비 관세음보살

**至心歸命禮** 左補處 南巡童子 右補處 海上龍王
**지심귀명례** 좌보처 남순동자 우보처 해상용왕

一葉紅蓮在海中 碧波深處現神通
일엽홍련재해중 벽파심처현신통

昨夜寶陀觀自在 今日降赴道場中
작야보타관자재 금일강부도량중

故我一心歸命頂禮
고아일심귀명정례

# 관음전 우리말 예불문

**헌향진언**

옴 바아라 도비야 훔 (3번)

우주법계에 모습을 보이시며 원력이 넓고 깊은 대자대비 관세음보살님께 지극한 마음으로 귀의하며 예배하옵니다.

고통의 소리를 듣고 응화하여 모든 중생을 구제하시는 대자대비 관세음보살님께 지극한 마음으로 귀의하며 예배하옵니다.

좌보처 남순동자 우보처 해상용왕께 지극한 마음으로 귀의하며 예배하옵니다.

한 잎 홍련이 바닷속에 있고
푸른 파도 깊은 곳에 신통을 보이시네.

어제 밤에 관세음보살님 보타산에 계시다가
오늘 이 도량에 내려오셨네.

그러므로 제가 일심으로 귀의하며 머리 숙여 예배하옵니다.

# 觀音精勤
# 관음정근

南無 普門示現 原力弘心 大慈大悲 救苦救難
나무 보문시현 원력홍심 대자대비 구고구난

관세음보살 · 관세음보살 · 관세음보살 ……

觀世音菩薩 滅業障眞言
관세음보살 멸업장진언

옴 아로늑계 사바하 (3번 이상)

具足神通力 廣修智方便 十方諸國土 無刹不現身
구족신통력 광수지방편 시방제국토 무찰불현신

故我一心 歸命頂禮
고아일심 귀명정례

願滅四生六道 法界有情 多劫生來諸業障 我今懺悔稽首禮
원멸사생육도 법계유정 다겁생래제업장 아금참회계수례

願諸罪障悉消除 世世常行菩薩道
원제죄장실소제 세세상행보살도 (3번)

願以此功德 普及於一切 我等與衆生
원이차공덕 보급어일체 아등여중생

當生極樂國 同見無量壽 皆共成佛道
당생극락국 동견무량수 개공성불도

# 怡山慧然禪師 發願文
# 이산혜연선사 발원문

시방삼세 부처님과 팔만사천 큰법보와
보살성문 스님네께 지성귀의 하옵나니
자비하신 원력으로 굽어살펴 주옵소서.

저희들이
참된성품 등지옵고 무명속에 뛰어들어
나고죽는 물결따라 빛과소리 물이들고
심술궂고 욕심내어 온갖번뇌 쌓았으며
보고듣고 맛봄으로 한량없는 죄를지어
잘못된길 갈팡질팡 생사고해 헤매면서
나와남을 집착하고 그른길만 찾아다녀
여러생에 지은업장 크고작은 많은허물
삼보전에 원력빌어 일심참회 하옵나니

바라옵건대
부처님이 이끄시고 보살님네 살피옵서
고통바다 헤어나서 열반언덕 가사이다.
이세상에 명과복은 길이길이 창성하고
오는세상 불법지혜 무럭무럭 자라나서
날적마다 좋은국토 밝은스승 만나오며
바른신심 굳게세고 아이로서 출가하여

귀와눈이 총명하고 말과뜻이 진실하며
세상일에 물안들고 청정범행 닦고닦아
서리같이 엄한계율 털끝인들 범하리까.
점잖은 거동으로 모든생명 사랑하여
이내목숨 버리어도 지성으로 보호하리.
삼재팔난 만나잖고 불법인연 구족하며
반야지혜 드러나고 보살마음 견고하여
제불정법 잘배워서 대승진리 깨달은뒤
육바라밀 행을닦아 아승지겁 뛰어넘고
곳곳마다 설법으로 천겹만겹 의심끊고
마군중을 항복받고 삼보를 잇사올제
시방제불 섬기는일 잠깐인들 쉬오리까.
온갖법문 다배워서 모두통달 하옵거든
복과지혜 함께늘어 무량중생 제도하며
여섯가지 신통얻고 무생법인 이룬뒤에
관음보살 대자비로 시방법계 다니면서
보현보살 행원으로 많은중생 건지올제
여러갈래 몸을나퉈 미묘법문 연설하고
지옥아귀 나쁜곳엔 광명놓고 신통보여
내모양을 보는이나 내이름을 듣는이는
보리마음 모두내어 윤회고를 벗어나되
화탕지옥 끓는물은 감로수로 변해지고
검수도산 날선칼날 연꽃으로 화하여서
고통받던 저중생들 극락세계 왕생하며
나는새와 기는짐승 원수맺고 빚진이들
갖은고통 벗어나서 좋은복락 누려지다.

모진질병 돌적에는 약풀되어 치료하고
흉년드는 세상에는 쌀이되어 구제하되
여러중생 이익한일 한가진들 빼오리까.
천겁만겁 내려오던 원수거나 친한이나
이 세상 권속들도 누구누구 할것없이
얽히었던 애정끊고 삼계고해 뛰어나서
시방세계 중생들이 모두성불 하사이다.
허공끝이 있사온들 이내소원 다하리까.
유정들도 무정들도 일체종지 이루어지이다.

나무 석가모니불
나무 석가모니불
나무 시아본사 석가모니불

## 석암

석암스님은 10교구 본사 은해사에서 법타스님을 은사로 출가하여 제방과 토굴에서 수행정진을 하며 교학을 두루 섭렵하였고, 각고정진 끝에 관음염불 삼매에 들어 중생교화에 뜻을 두었다. 현재는 관음선원을 창건하여, 관음염불선과 경전강의로 중생교화에 힘쓰고 있다.
저서로는『꽃피니 열매 맺네』가 있다.


독송용 **관음경**

초판인쇄 | 2011년 1월 31일
초판발행 | 2011년 1월 31일

편 주 자 | 석암
펴 낸 이 | 채종준
펴 낸 곳 | 한국학술정보㈜
주 소 | 경기도 파주시 교하읍 문발리 파주출판문화정보산업단지 513-5
전 화 | 031) 908-3181(대표)
팩 스 | 031) 908-3189
홈페이지 | http://ebook.kstudy.com
E-mail | 출판사업부 publish@kstudy.com
등 록 | 제일산-115호(2000. 6. 19)

ISBN 978-89-268-1894-7 93220 (Paper Book)
978-89-268-1895-4 98220 (e-Book)